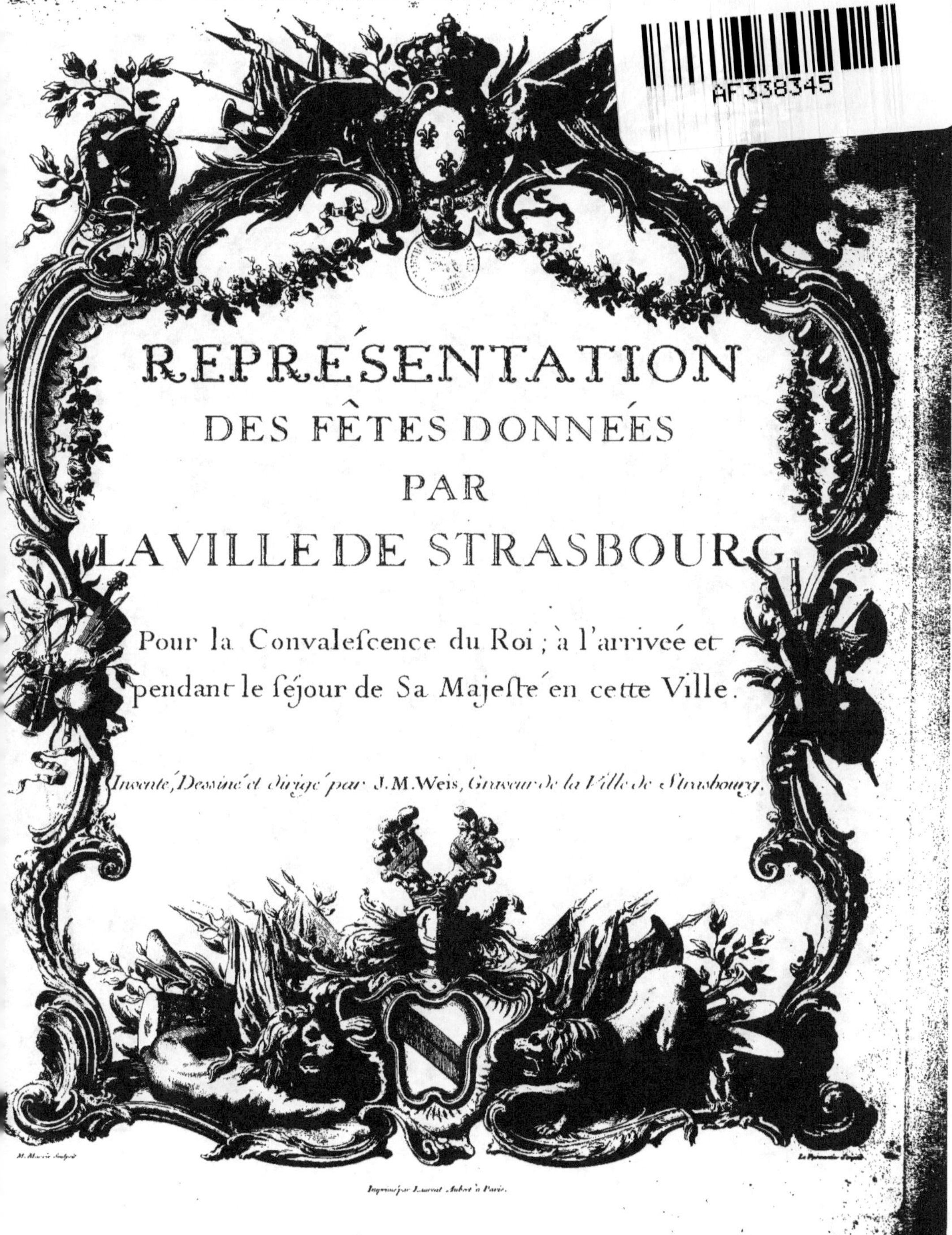

REPRÉSENTATION
DES FÊTES DONNEÉS
PAR
LA VILLE DE STRASBOURG
Pour la Convalefcence du Roi ; à l'arriveé et
pendant le féjour de Sa Majefté en cette Ville.
Inventé, Dessiné et dirigé par J.M.Weis, Graveur de la Ville de Strasbourg.

Louis Quinze Le Bien Aimé

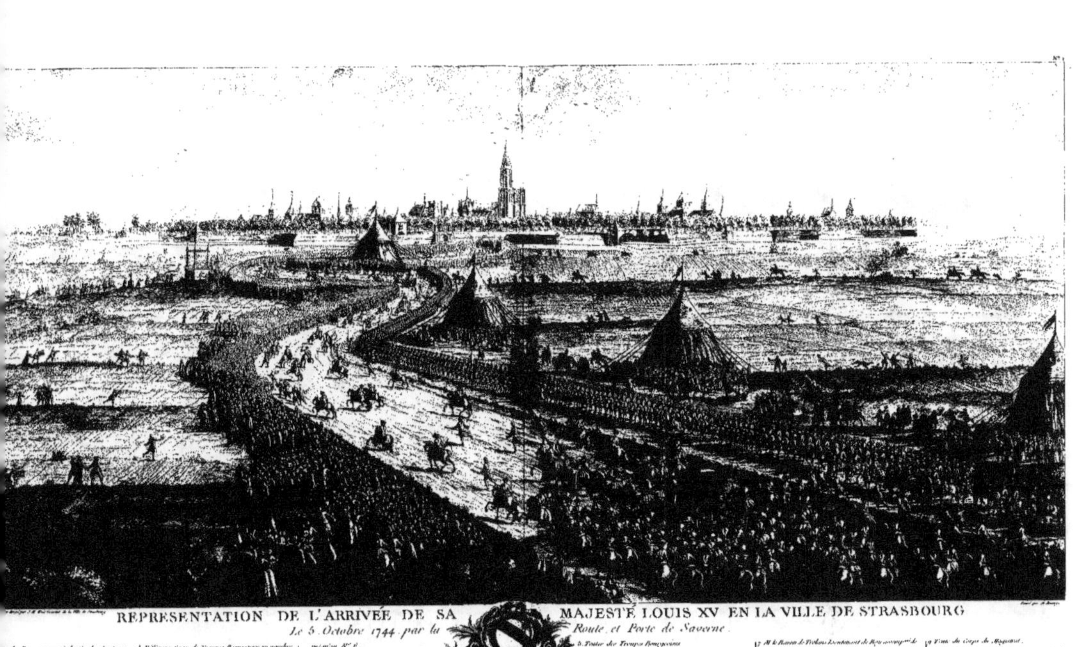

REPRESENTATION DE L'ARRIVÉE DE SA MAJESTÉ LOUIS XV EN LA VILLE DE STRASBOURG
Le 5. Octobre 1744. par la Route, et Porte de Saverne.

REPRESENTATION DU FAUBOURG DE SAVERNE, DE LA VILLE DE STRASBOURG,
Par lequel le Roy LOUIS XV. fit son entré dans cette Ville le 5. Octobre 1744.

REPRÉSENTATION D'UNE PLACE DE STRAS-BOURG VUE DU CÔTÉ DE LA PORTE DE SAVERNE.

Le Roi Louis XV. traversa cette Place le jour de son entrée.

REPRÉSENTATION DE L'ARRIVÉE ET DE LA DESCENTE DU ROI LOUIS XV. DEVANT LE PRINCIPAL PORTAIL DE L'EGLISE CATHEDRALE DE STRASBOU[RG]

REPRESENTATION DES EDIFICES ET DECO: RATIONS ELEVES, ET DU FEU D'ARTIFICE
le 5 octobre 1744, sous le bon plaisir et en presence de Sa Majesté LOUIS XV par les Ordres du Magistrat de Strasbourg, sur la Riviere d'Ill, et en face du Palais Episcopal ou Sa Majesté étoit logée.

REPRÉSENTATION DE L'ÉDIFICE DE L'HÔTEL DE VILLE DE STRASBOURG,

De la Place devant led Hôtel, des Batimens adjacens, et des Fêtes et Réjouissances que le Magistrat a donné au Peuple le 5. Octobre 1744, jour de l'arrivée de Sa Majesté LOUIS XV. dans la dite Il y avoit entre autres Distributions un Boeuf entier, et avec une profusions quantité d'autres viandes, et Volaille et Vins, et des Fontaines de Vins, le tout, abandonné à la discretion du Peuple, ainsy qu'il se pratique à la Solemnité du Cou de l'Empereur en Allemagne

REPRESENTATION DE L'EGLISE CATHEDRALE DE STRASBOURG,

ensemble de ses Clocher, plateforme, et Tour en flèche, d'. Architecture
dans chacune des quelles il y a un Escalier en Escarpot, le tout a
la plate forme, celles des Galeries, et de toute la longueur du
à resister aux injures du temps, le 5. Octobre 1744, pour

Dans toutes ses parties, avec les quatre Tourelles adherantes à la flèche,
jour, ayant été entierement illuminé, ainsy que les balustrades
ensemble de la Nef, avec des Pots à feu remplis d'une matiere pro-
l'arrivée, et pendant le séjour de Sa Majesté Louis XV. en cette Ville.

REPRESENTATION DES PRINCIPALES, FAÇADE, ENTRÉE, COUR, ET DE TOUT L'EDIFICE DU PALAIS EPISCOPAL, EN LA VILLE DE STRASBOU

Et de la Place au devant de ce Palais ; ensemble de l'Illumination entiere qui y a été entretenüe, le 5. Octobre 1744, jour de l'arrivée et a chaque soirée du séjour de Sa Majesté LOUIS XV. en la dite Ville

REPRÉSENTATION DE LA CEREMONIE DANS LAQUELLE LES ... INS D'HONNEUR FURENT OFFERTS A SA MAJESTÉ LOUIS XV.
... part du Magistrat de Strasbourg, le 6. Octobre 1744, par le Corps des Tonneliers de la ... même Ville, qui obtinrent en même tems du Roy la permission d'executer, sous les yeux de ... Sa
Majesté, et sur la Terrasse du Palais Episcopal, au bord de ... la Riviere, plusieurs Jeux et Exercices auxquels ils s'etoient disposées.

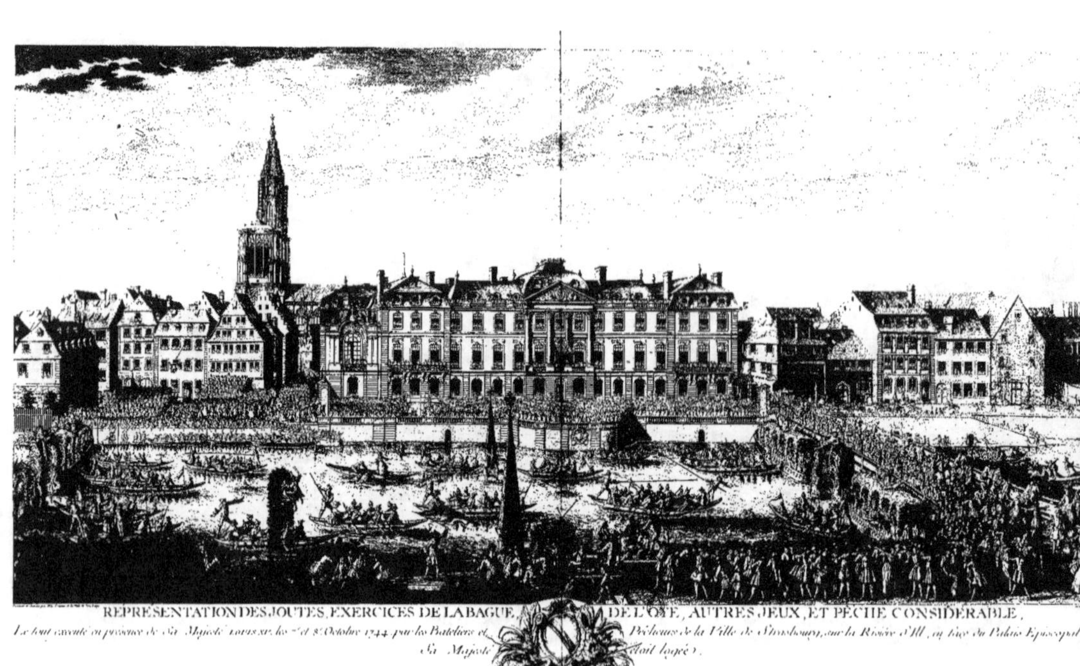

REPRÉSENTATION DES JOUTES, EXERCICES DE LA BAGUE, DE L'OYE, AUTRES JEUX, ET PÊCHE CONSIDÉRABLE.
Le tout exécuté en présence de Sa Majesté Louis XV, les 7 et 8 Octobre 1744, par les Bateliers et Pêcheurs de la Ville de Strasbourg, sur la Rivière d'Ill, en face du Palais Épiscopal
Sa Majesté était logée.

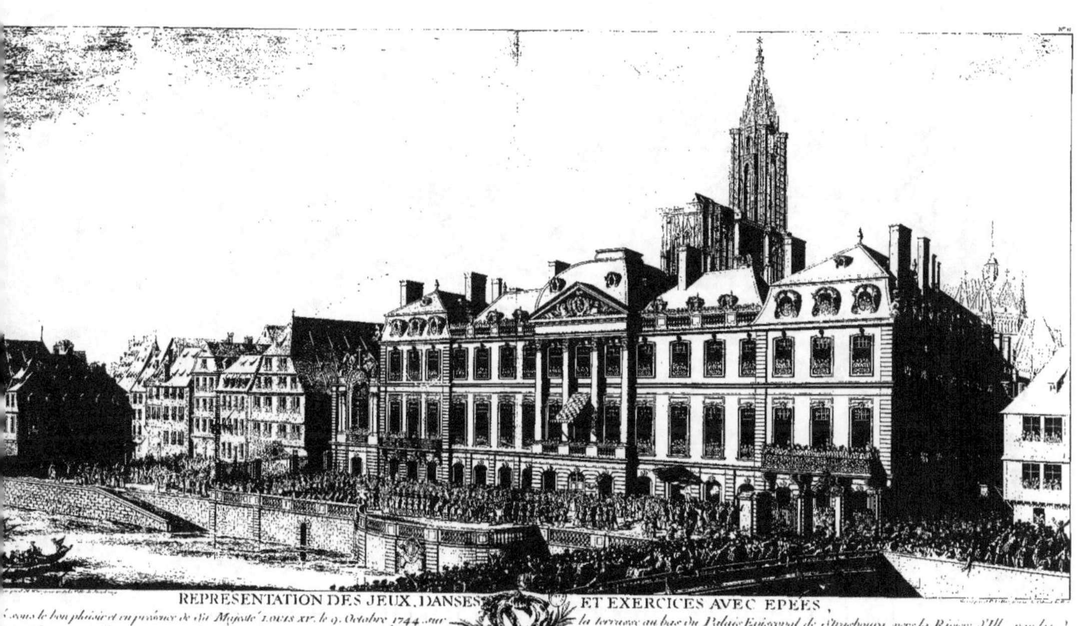

REPRESENTATION DES JEUX, DANSES ET EXERCICES AVEC EPÉES,
sous le bon plaisir et en présence de Sa Majesté Louis XV. le 9. Octobre 1744. sur la terrasse au bas du Palais Episcopal de Strasbourg, vers la Rivière d'Ill, par les
de la même Ville, conduits en Ordre et marche de Cérémonie par leurs Officiers, après qu'ils eurent obtenu du Roy la permission d'offrir a Sa Majesté un gâteau du pays
orné de Différentes espèces de pâtisseries et de fleurs.

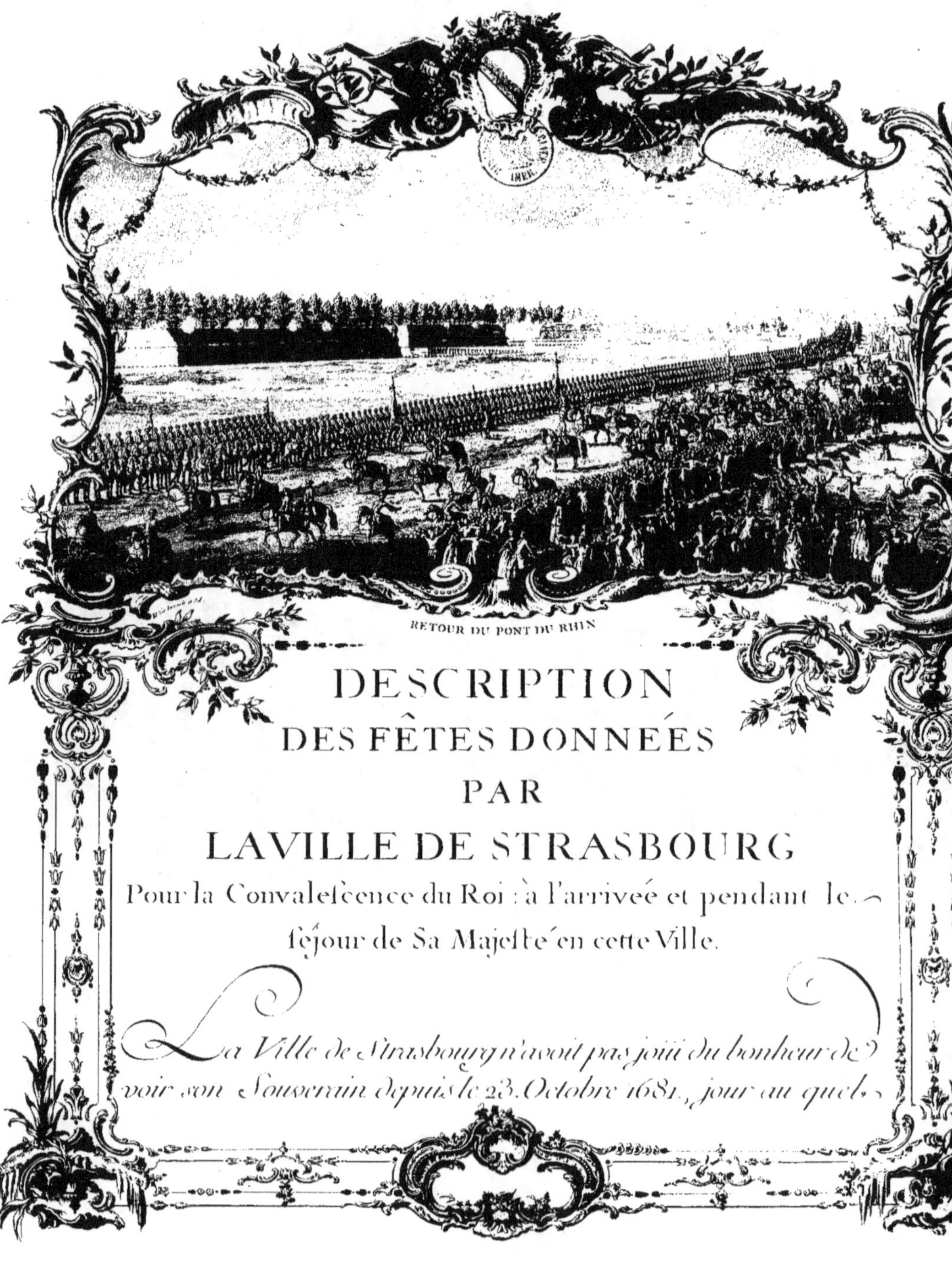

DESCRIPTION
DES FÊTES DONNÉES
PAR
LA VILLE DE STRASBOURG

Pour la Convalescence du Roi : à l'arrivée et pendant le séjour de Sa Majesté en cette Ville.

La Ville de Strasbourg n'avoit pas joüi du bonheur de voir son Souverain depuis le 23. Octobre 1681., jour au quel

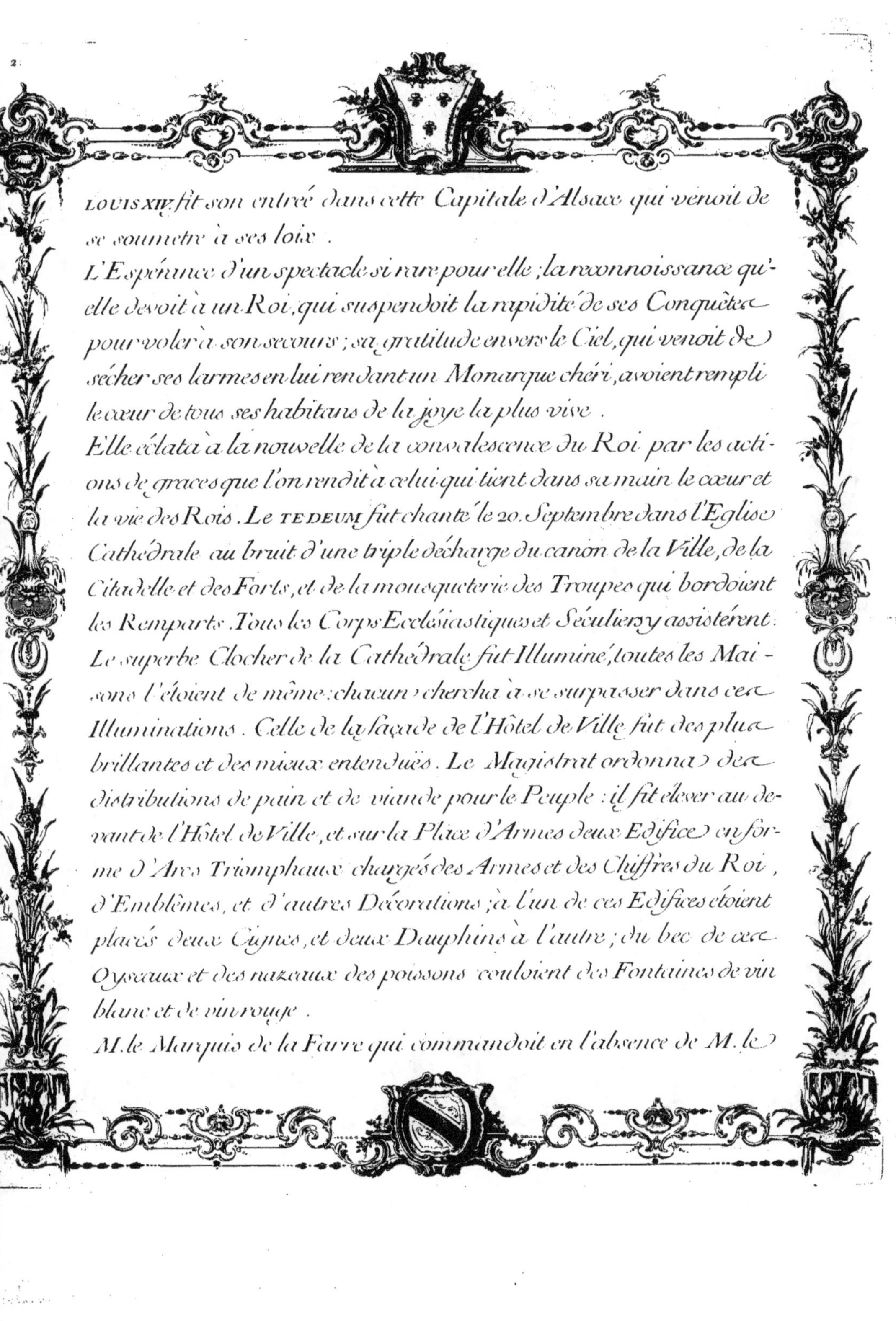

LOUIS XIV. fit son entreé dans cette Capitale d'Alsace qui venoit de se soumettre à ses loix.

L'Espérance d'un spectacle si rare pour elle; la reconnoissance qu'elle devoit à un Roi, qui suspendoit la rapidité de ses Conquêtes pour voler à son secours; sa gratitude envers le Ciel, qui venoit de sécher ses larmes en lui rendant un Monarque chéri, avoient rempli le cœur de tous ses habitans de la joye la plus vive.

Elle éclata à la nouvelle de la convalescence du Roi par les actions de graces que l'on rendit à celui qui tient dans sa main le cœur et la vie des Rois. Le TE DEUM fut chanté le 20. Septembre dans l'Eglise Cathédrale au bruit d'une triple décharge du canon de la Ville, de la Citadelle et des Forts, et de la mousqueterie des Troupes qui bordoient les Remparts. Tous les Corps Ecclésiastiques et Séculiers y assistérent. Le superbe Clocher de la Cathédrale fut Illuminé, toutes les Maisons l'étoient de même: chacun chercha à se surpasser dans ces Illuminations. Celle de la façade de l'Hôtel de Ville fut des plus brillantes et des mieux entenduës. Le Magistrat ordonna des distributions de pain et de viande pour le Peuple: il fit élever au devant de l'Hôtel de Ville, et sur la Place d'Armes deux Edifices en forme d'Arcs Triomphaux chargés des Armes et des Chiffres du Roi, d'Emblèmes, et d'autres Décorations; à l'un de ces Edifices étoient placés deux Cygnes, et deux Dauphins à l'autre; du bec de ces Oyseaux et des nazeaux des poissons couloient des Fontaines de vin blanc et de vin rouge.

M. le Marquis de la Farre qui commandoit en l'absence de M. le

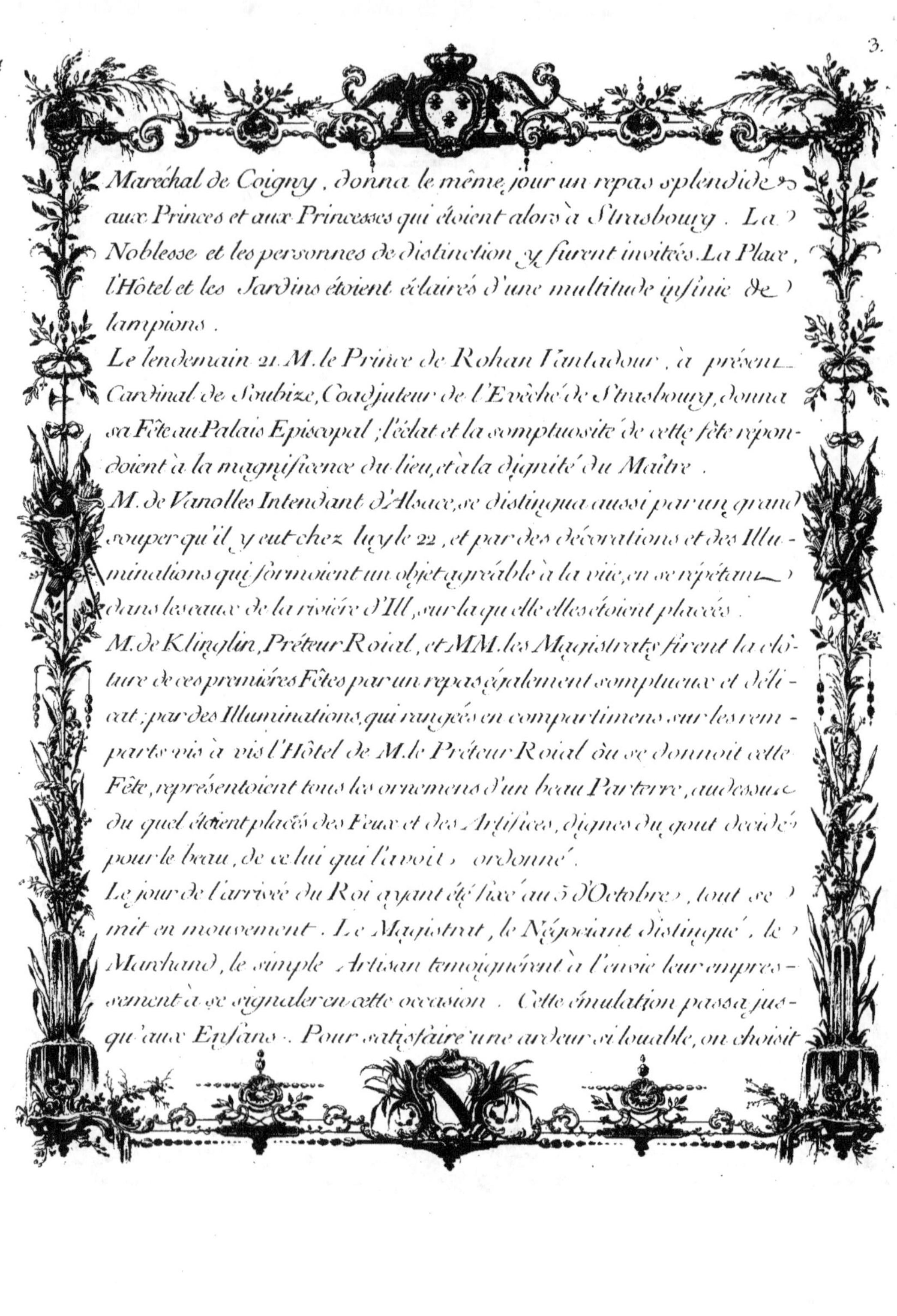

Maréchal de Coigny, donna le même jour un repas splendide
aux Princes et aux Princesses qui étoient alors à Strasbourg. La
Noblesse et les personnes de distinction y furent invitées. La Place,
l'Hôtel et les Jardins étoient éclairés d'une multitude infinie de
lampions.

Le lendemain 21. M. le Prince de Rohan Ventadour, à présent
Cardinal de Soubize, Coadjuteur de l'Evêché de Strasbourg, donna
sa Fête au Palais Episcopal ; l'éclat et la somptuosité de cette fête répondoient à la magnificence du lieu, et à la dignité du Maître.

M. de Vanolles Intendant d'Alsace, se distingua aussi par un grand
souper qu'il y eut chez luy le 22, et par des décorations et des Illuminations qui formoient un objet agréable à la vüe, en se répétant
dans les eaux de la rivière d'Ill, sur laquelle elles étoient placées.

M. de Klinglin, Préteur Roial, et MM. les Magistrats firent la clô-
ture de ces premières Fêtes par un repas également somptueux et déli-
cat ; par des Illuminations, qui rangées en compartimens sur les remparts vis à vis l'Hôtel de M. le Préteur Roial où se donnoit cette
Fête, représentoient tous les ornemens d'un beau Parterre, au dessus
du quel étoient placés des Feux et des Artifices, dignes du gout décidés
pour le beau, de celui qui l'avoit ordonné.

Le jour de l'arrivée du Roi ayant été fixé au 5 d'Octobre, tout se
mit en mouvement. Le Magistrat, le Négociant distingué, le
Marchand, le simple Artisan temoignérent à l'envie leur empres-
sement à se signaler en cette occasion. Cette émulation passa jusqu'aux Enfans. Pour satisfaire une ardeur si louable, on choisit

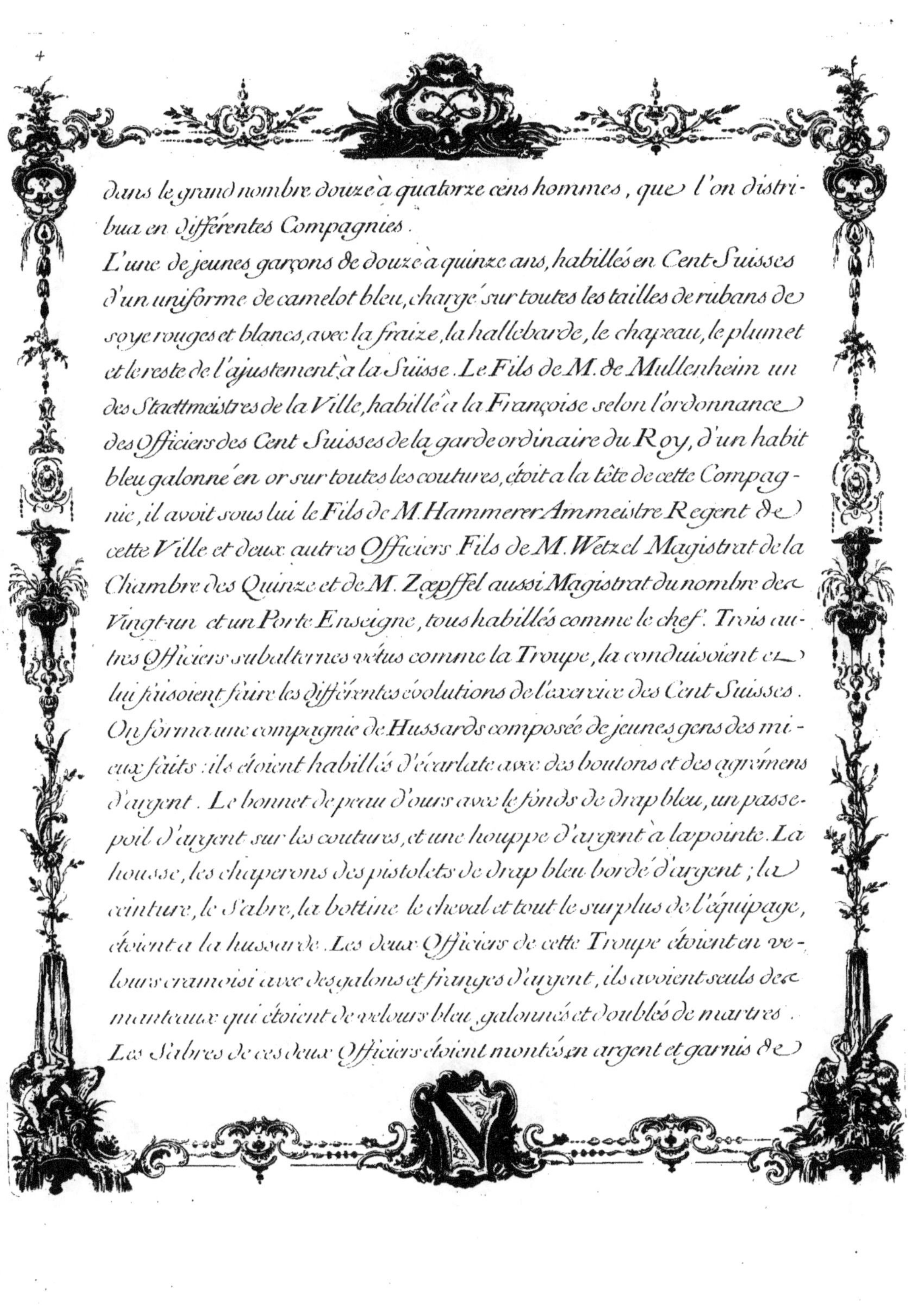

dans le grand nombre douze à quatorze cens hommes, que l'on distribua en différentes Compagnies.

L'une de jeunes garçons de douze à quinze ans, habillés en Cent Suisses
d'un uniforme de camelot bleu, chargé sur toutes les tailles de rubans de
soye rouges et blancs, avec la fraize, la hallebarde, le chapeau, le plumet
et le reste de l'ajustement à la Suisse. Le Fils de M. de Mullenheim un
des Staettmeistres de la Ville, habillé à la Françoise selon l'ordonnance
des Officiers des Cent Suisses de la garde ordinaire du Roy, d'un habit
bleu galonné en or sur toutes les coutures, étoit à la tête de cette Compagnie, il avoit sous lui le Fils de M. Hammerer Ammeistre Regent de
cette Ville et deux autres Officiers Fils de M. Wetzel Magistrat de la
Chambre des Quinze et de M. Zœpffel aussi Magistrat du nombre des
Vingt-un et un Porte Enseigne, tous habillés comme le chef. Trois autres Officiers subalternes vêtus comme la Troupe, la conduisoient et
lui faisoient faire les différentes évolutions de l'exercice des Cent Suisses.
On forma une compagnie de Hussards composée de jeunes gens des mieux faits : ils étoient habillés d'écarlate avec des boutons et des agrémens
d'argent. Le bonnet de peau d'ours avec le fonds de drap bleu, un passe-
poil d'argent sur les coutures, et une houppe d'argent à la pointe. La
housse, les chaperons des pistolets de drap bleu bordé d'argent ; la
ceinture, le Sabre, la bottine le cheval et tout le surplus de l'équipage,
étoient à la hussarde. Les deux Officiers de cette Troupe étoient en velours cramoisi avec des galons et franges d'argent, ils avoient seuls des
manteaux qui étoient de velours bleu, galonnés et doublés de martres.
Les Sabres de ces deux Officiers étoient montés en argent et garnis de

pierreries. Le bonnet, la bottine, l'echarpe répondoient à cette magnificence. Les ornemens des Officiers inférieurs étoient proportionnés à
leurs grades.

L'Elite de la Bourgeoisie se partagea en quatre Escadrons de Cavallerie,
et en trois Bataillons d'Infanterie: le premier Escadron en habit de camelot rouge, à boutonnières d'or et boutons dorés un collet de velours
noir tressé en or sur les bords et des vestes d'écarlate galonnées en
plein de galons à la Mousquetaire: les chapeaux bordés d'or avec des
plumets blancs. Les Housses et les chaperons d'écarlate bordés d'or, le
bridon rouge, les crins du cheval nattés d'un cordon de soye rouge, se terminant sur le col du cheval par une grosse houppe. L'Epée d'argent en
dragonne or et soye, la botte à l'angloise, les éperons de cuivre et les pistolets garnis de même. MM. de Boulach et de Berckheim, Capitaines au
Regiment Royal Allemand et Magistrats Nobles de la Chambre
des Quinze, avec M. Gambs aussi Magistrat de la même Chambre,
étoient à la tête de cet Escadron avec des habits d'écarlate richement galonnés en brandebourgs d'or avec des glands à la pointe de chaque brandebourg.
Un autre Escadron de Cavalerie, habillé de même couleur avoit en argent
les mêmes ajustemens que le précédent en or. Un Echevin de la Tribu galonné en brandebourgs d'argent, commandoit cet escadron.

L'Uniforme du troisième corps étoit un habit de camelot bleu avec des
tresses et des boutons d'argent, le collet de velours noir tressé en argent, la
veste d'un drap ventre de biche à galons et boutonnières d'argent. Les
Officiers pris des plus anciens Echevins de la Tribu, et Conseillers au
Magistrat avoient des galons d'argent de quatre doigts de large sur

l'habit. Les chapeaux de la Troupe bordés d'argent avec des plumets blancs. Les chevaux en housses et chaperons d'écarlate, galonnés en argent.

Le quatrième Escadron étoit vêtu d'un camelot gris cendre avec le collet de velours noir, le tout en tresses d'argent : la veste ventre de Biche bordée d'un galon ; les Officiers étoient en brandebourgs : le surplus de leur ajuste-ment étoit conforme à celui des autres Escadrons.

La première Troupe d'Infanterie étoit composée de cinq Compagnies, dont une de Grenadiers. Leur uniforme étoit un habit de drap bleu avec des boutonnières d'or et des boutons dorés : la veste d'écarlate galonnée d'or en plein : le chapeau bordé de même. Les Grenadiers avec des bonnets de peau d'ours, le fonds d'écarlate une grenade en flamée brodée en soye et argent sur le devant. M. de Berstœtt Con-seiller Noble, et M. Lemp Vingt un, premiers Officiers de cette Troupe, étoient superbement galonnés d'un galon d'or, régnant le long des tail-les du devant et du derrière, sur les manches et les poches et formant les boutonnières en brandebourgs : la veste de soye galonnée en plein : les boutons de trait d'or : les chapeaux en points d'espagne. Les Officiers des Grenadiers en bonnets d'un fonds de velours rouge, galonné sur les coutures, et terminé par une houppe d'or avec la grenade brodée toute en or sur le devant. L'Uniforme des autres Officiers étoit garni de simples brandebourgs, ou de points-d'espagne, et se distinguoit par la largeur et la disposition du galon.

Le second corps d'Infanterie divisé en trois Compagnies, dont une de Grenadiers, étoit commandé par M. d'Oberkirch Conseiller Noble, sous

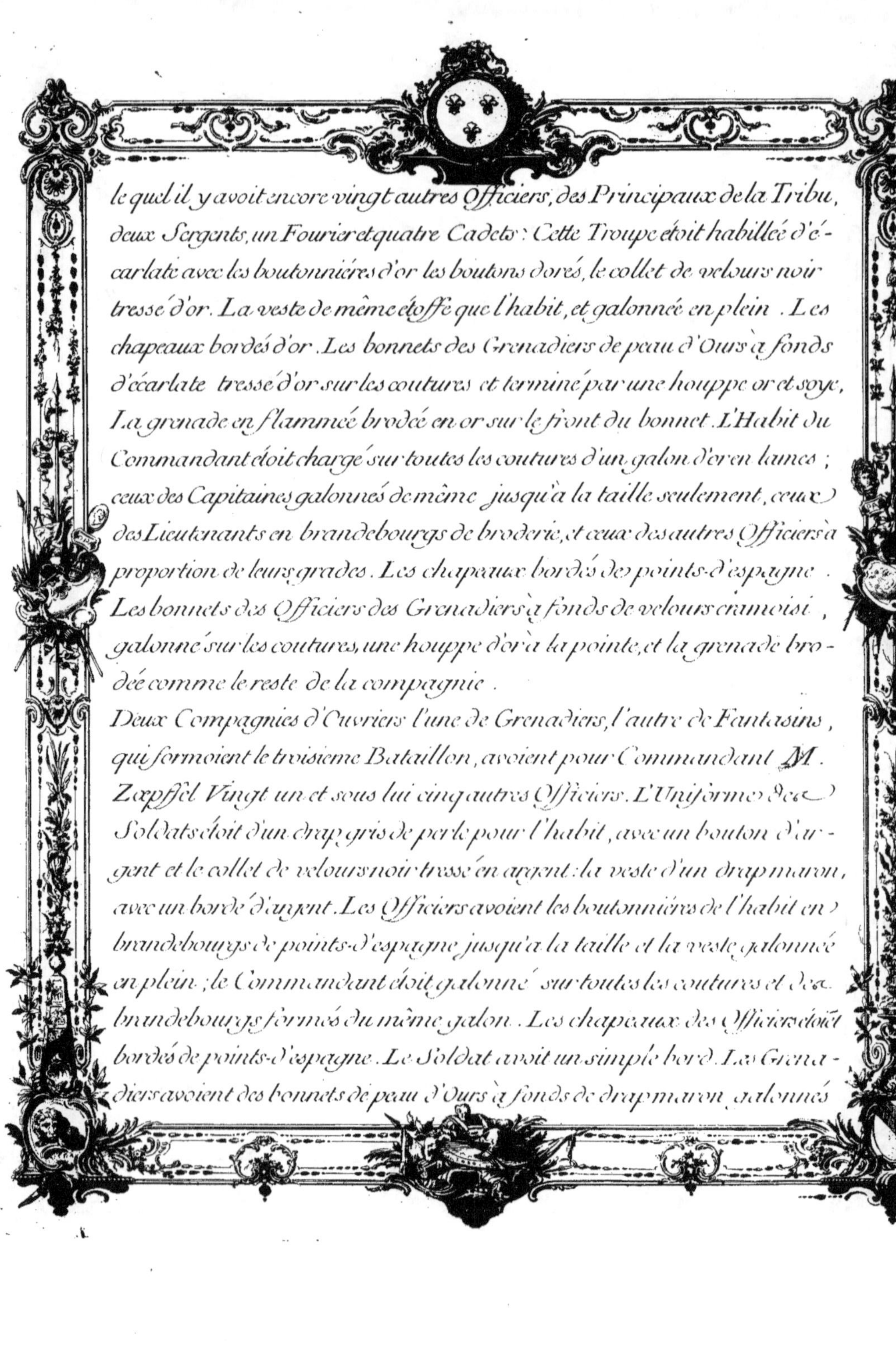

le quel il y avoit encore vingt autres Officiers, des Principaux de la Tribu,
deux Sergents, un Fourier et quatre Cadets : Cette Troupe étoit habillée d'é-
carlate avec les boutonniéres d'or les boutons dorés, le collet de velours noir
tressé d'or. La veste de même étoffe que l'habit, et galonneé en plein. Les
chapeaux bordés d'or. Les bonnets des Grenadiers de peau d'Ours à fonds
d'écarlate tressé d'or sur les coutures et terminé par une houppe or et soye,
La grenade en flammée brodée en or sur le front du bonnet. L'Habit du
Commandant étoit chargé sur toutes les coutures d'un galon d'or en lames ;
ceux des Capitaines galonnés de même jusqu'à la taille seulement, ceux
des Lieutenants en brandebourgs de broderie, et ceux des autres Officiers à
proportion de leurs grades. Les chapeaux bordés des points-d'espagne.
Les bonnets des Officiers des Grenadiers à fonds de velours cramoisi,
galonné sur les coutures, une houppe d'or à la pointe, et la grenade brodée comme le reste de la compagnie.
Deux Compagnies d'Ouvriers l'une de Grenadiers, l'autre de Fantasins,
qui formoient le troisieme Bataillon, avoient pour Commandant M.
Zœpffel Vingt un et sous lui cinq autres Officiers. L'Uniforme des
Soldats étoit d'un drap gris de perle pour l'habit, avec un bouton d'argent et le collet de velours noir tressé en argent : la veste d'un drap maron,
avec un bord d'argent. Les Officiers avoient les boutonniéres de l'habit en
brandebourgs de points-d'espagne jusqu'à la taille et la veste galonné
en plein ; le Commandant étoit galonné sur toutes les coutures et des
brandebourgs formés du même galon. Les chapeaux des Officiers étoit
bordés de points-d'espagne. Le Soldat avoit un simple bord. Les Grenadiers avoient des bonnets de peau d'Ours à fonds de drap maron galonnés

sur les coutures et terminés par une houppe, soye et argent, sur le devant des bonnets étoient brodés en argent un compas et deux haches, les manches des haches en or. Ils portoient le fusil en bandoulière, une hache sur l'épaule, et devant eux des tabliers de peau, bordés d'un galon ou d'une frange d'argent.

Toutes ces Troupes, tant d'Infanterie que de Cavalerie, portoient la cocarde blanche, avec des gands blancs. Les Officiers d'Infanterie étoient en plumets blancs, avoient l'esponton et le hausse-col. Les Soldats étoient en guêtres blanches, avec le fusil, ayant une grenadière de soye rouge, la bayonette, l'épée, le fourniment, la cartouche. Les Grenadiers étoient en sabres avec des dragonnes repondant à leurs uniformes.

Chaque Corps d'Infanterie et de Cavalerie avoit un drapeau ou un étendart blanc, semé d'une part de fleurs de lis brodées en or; et de l'autre une représentation de la Vierge aussi en broderie, qui est l'ancien Etendart de la Ville de Strasbourg, lequel marchoit à la tête de toutes les Villes libres de l'Empire, aux Entrées Solemnelles que les Empereurs faisoient autrefois dans Rome.

Un Timbalier avec ses Timballes garnies de Tabliers de damas cramoisi aux Armes de la Ville brodés en or; et quatre Trompettes habillés en écarlate galonnés d'or en brandebourgs, précédoient la Cavalerie.

Chaque Bataillon d'Infanterie avoit à sa tête quatre Haut-bois et autant de Cors de chasse, ce qui pour les trois bataillons faisoit vingt quatre Instrumens, dont seize étoient en habits bleus et les huit autres en écarlate, tous avec des brandebourgs d'or.

Le 5. d'Octobre, jour de l'arrivée du Roi sur les dix heures du matin, M

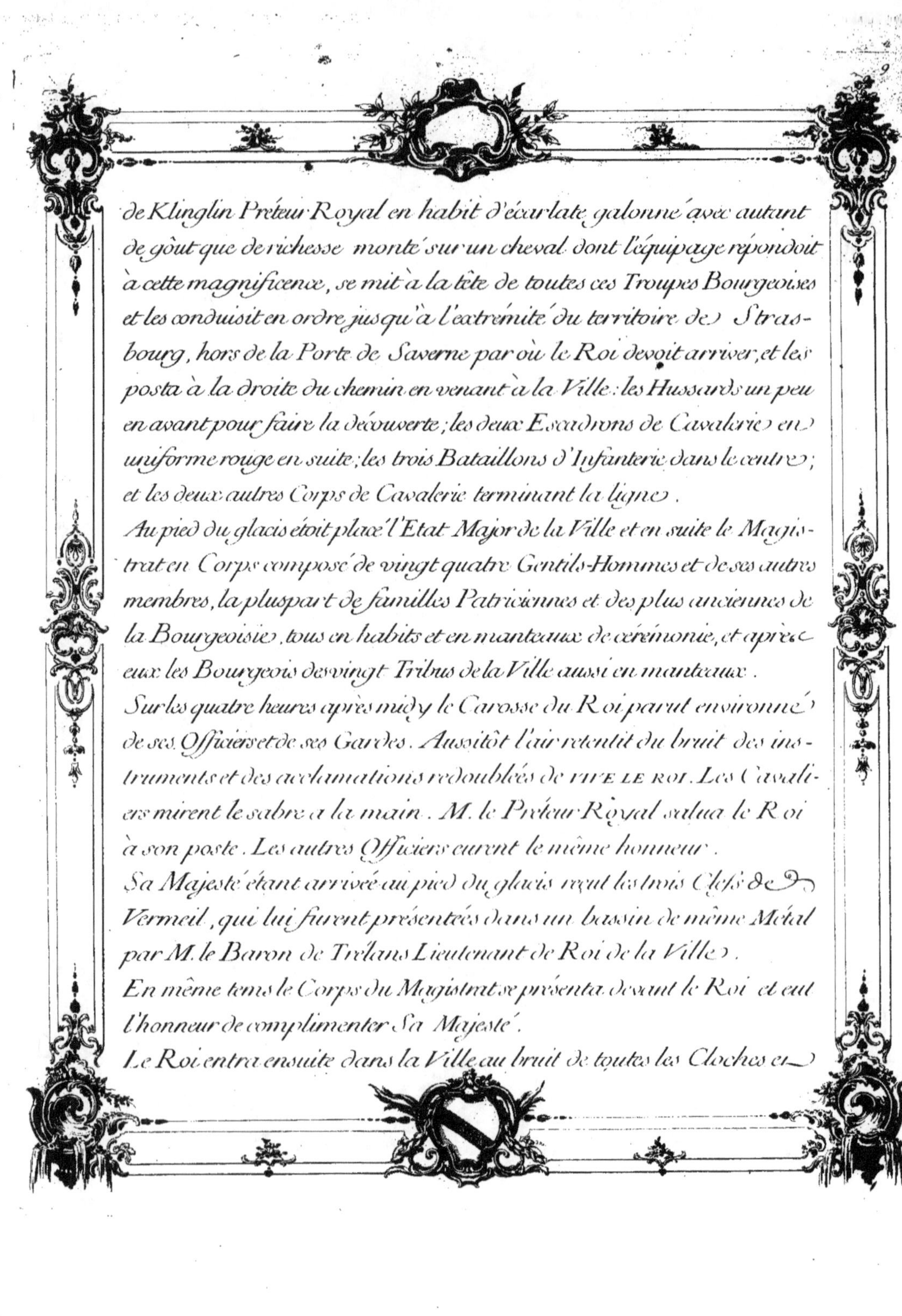

de Klinglin Préteur Royal en habit d'écarlate galonné avec autant
de goût que de richesse monté sur un cheval dont l'équipage répondoit
à cette magnificence, se mit à la tête de toutes ces Troupes Bourgeoises
et les conduisit en ordre jusqu'à l'extrémité du territoire de Strasbourg, hors de la Porte de Saverne par où le Roi devoit arriver, et les
posta à la droite du chemin en venant à la Ville : les Hussards un peu
en avant pour faire la découverte ; les deux Escadrons de Cavalerie en
uniforme rouge en suite ; les trois Bataillons d'Infanterie dans le centre ;
et les deux autres Corps de Cavalerie terminant la ligne.

Au pied du glacis étoit placé l'Etat Major de la Ville et en suite le Magistrat en Corps composé de vingt quatre Gentils-Hommes et de ses autres
membres, la pluspart de familles Patriciennes et des plus anciennes de
la Bourgeoisie, tous en habits et en manteaux de cérémonie, et après
eux les Bourgeois des vingt Tribus de la Ville aussi en manteaux.

Sur les quatre heures après midy le Carosse du Roi parut environné
de ses Officiers et de ses Gardes. Aussitôt l'air retentit du bruit des instruments et des acclamations redoublées de VIVE LE ROI. Les Cavali-
ers mirent le sabre à la main. M. le Préteur Royal salua le Roi
à son poste. Les autres Officiers eurent le même honneur.

Sa Majesté étant arrivée au pied du glacis reçut les trois Clefs de
Vermeil, qui lui furent présentées dans un bassin de même Métal
par M. le Baron de Trélans Lieutenant de Roi de la Ville.

En même tems le Corps du Magistrat se présenta devant le Roi et eut
l'honneur de complimenter Sa Majesté.

Le Roi entra ensuite dans la Ville au bruit de toutes les Cloches et

dè l'Artillerie des Ramparts.

A l'extrémité du Fauxbourg de Saverne étoit placé un Arc de
Triomphe de soixante pieds d'élévation, à trois Arcades, celle du
milieu tenoit la moitié de la hauteur de l'Edifice sur dix sept
pieds de large • Celles de la droite et de la gauche avoient la moitié de ces dimentions. Au-dessus de ces deux dernieres, on voyoit à
droite un Soleil levant, dont la lumiere rend à la nature sa
gayeté et ses ornemens, avec cette Devise : VEL VISUS DISSIPAT UMBRAS ;
à la gauche, un Torrent qui brise et renverse une digue, paroissant
encore plus violent et plus rapide après avoir détruit cet obstacle qui
l'arrêtoit, ce qui étoit signifié par ces trois mots. ACUIT MORA CURSUM.
La façade de l'Arc se partageoit en huit colonnes d'ordre Corin-
thien, entre lesquelles étoient representées, la JUSTICE, la PRUDENCE , la
FORCE , et la VALEUR. Au-dessus des Emblêmes et de l'arcade du
milieu, étoient des Casques ouverts ornés de trophées. La Statue
Equestre du Roi surmontoit l'Edifice, avec cette inscription :

LUDOVICO. XV.

FRANCIÆ . ET . NAVARRÆ .

REGI . INVICTO.

PIO . FELICI . AUGUSTO.

PATRI . PATRIÆ .

VICTORI. AC . TRIUMPHATORI . HOSTIUM.

TURBATI . RHENANI . LIMITIS . VINDICI.

PACIS. EUROPÆÆ . ADSERTORI .

Aux deux côtés de la Statue étoient deux Anges appuyés sur les

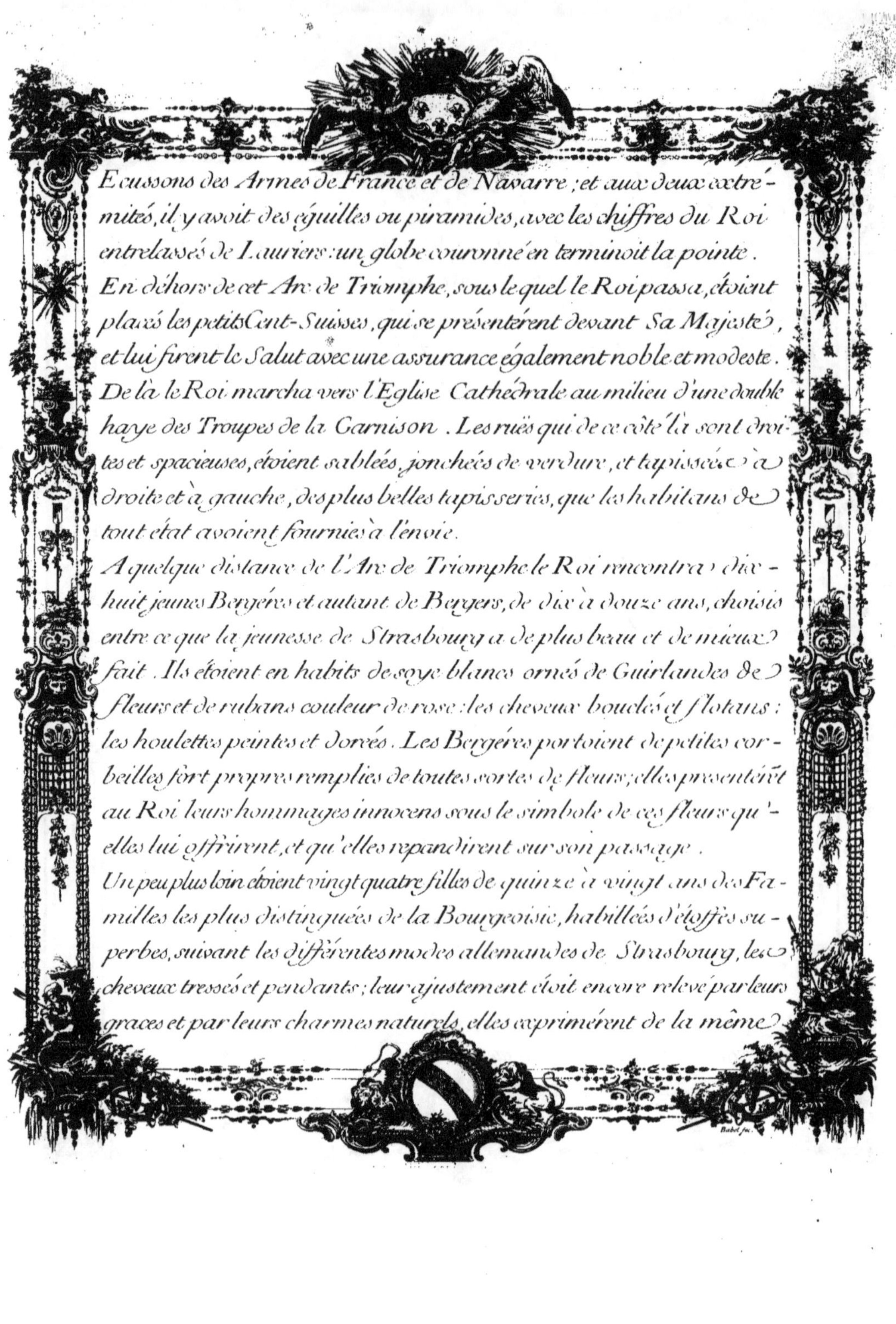

Ecussons des Armes de France et de Navarre ; et aux deux extré-
mités, il y avoit des éguilles ou piramides, avec les chiffres du Roi
entrelassés de Lauriers : un globe couronné en terminoit la pointe.
En déhors de cet Arc de Triomphe, sous lequel le Roi passa, étoient
placés les petits Cent-Suisses, qui se présentérent devant Sa Majesté,
et lui firent le Salut avec une assurance également noble et modeste.
De là le Roi marcha vers l'Eglise Cathédrale au milieu d'une double
haye des Troupes de la Garnison. Les rües qui de ce côté là sont droi-
tes et spacieuses, étoient sablées, jonchées de verdure, et tapissées à
droite et à gauche, des plus belles tapisseries, que les habitans de
tout état avoient fournies à l'envie.
A quelque distance de l'Arc de Triomphe le Roi rencontra dix-
huit jeunes Bergéres et autant de Bergers, de dix à douze ans, choisis
entre ce que la jeunesse de Strasbourg a de plus beau et de mieux
fait. Ils étoient en habits de soye blancs ornés de Guirlandes de
fleurs et de rubans couleur de rose : les cheveux bouclés et flotans :
les houlettes peintes et dorées. Les Bergéres portoient de petites cor-
beilles fort propres remplies de toutes sortes de fleurs ; elles présentérent
au Roi leurs hommages innocens sous le simbole de ces fleurs qu'-
elles lui offrirent, et qu'elles repandirent sur son passage.
Un peu plus loin étoient vingt quatre filles de quinze à vingt ans des Familles les plus distinguées de la Bourgeoisie, habillées d'étoffes su-
perbes, suivant les différentes modes allemandes de Strasbourg, les
cheveux tressés et pendants ; leur ajustement étoit encore relevé par leurs
graces et par leurs charmes naturels, elles exprimérent de la même

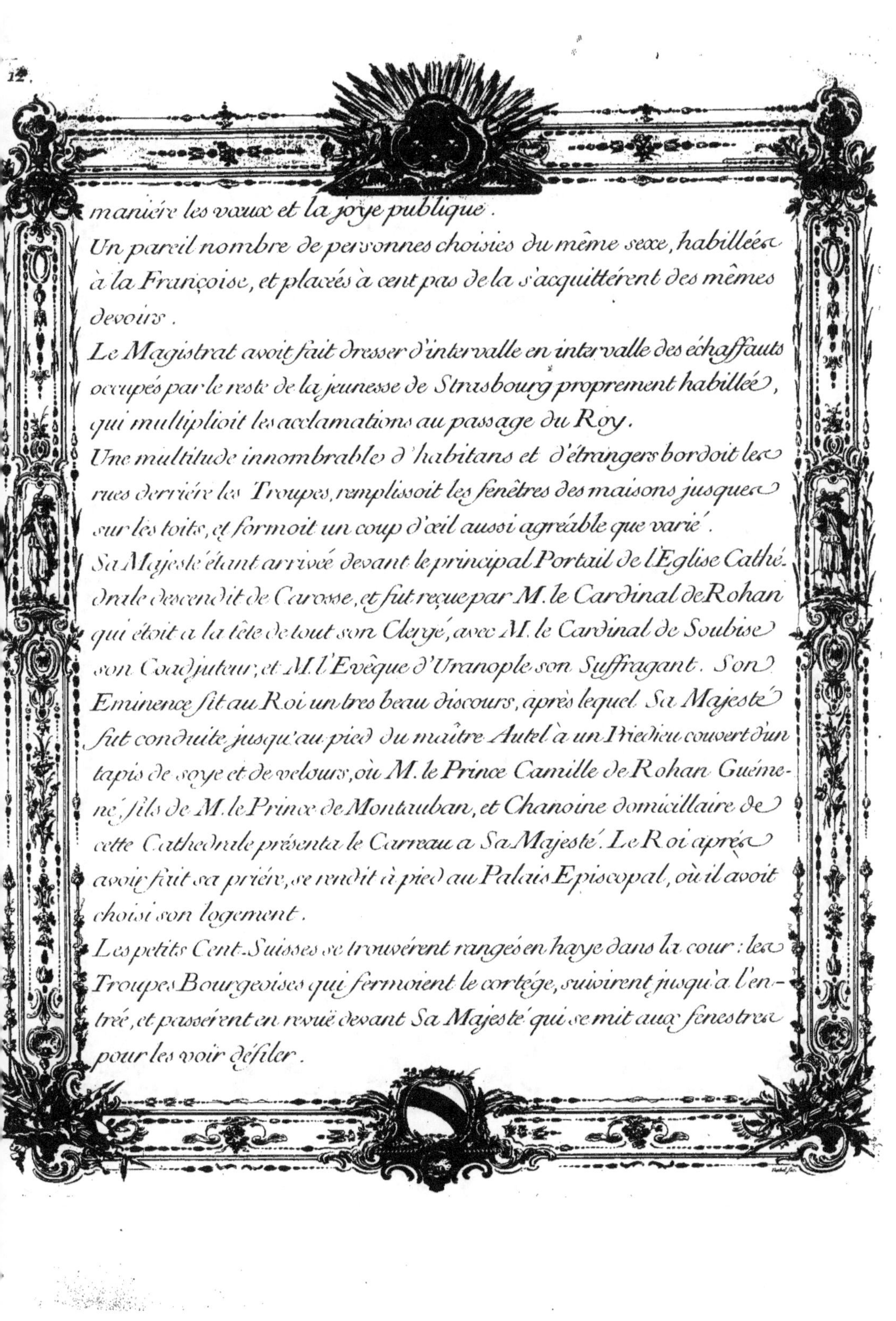

manière les vœux et la joye publique.

Un pareil nombre de personnes choisies du même sexe, habillées à la Françoise, et placées à cent pas de la s'acquittèrent des mêmes devoirs.

Le Magistrat avoit fait dresser d'intervalle en intervalle des échaffauts occupés par le reste de la jeunesse de Strasbourg proprement habillée, qui multiplioit les acclamations au passage du Roy.

Une multitude innombrable d'habitans et d'étrangers bordoit les rues derriére les Troupes, remplissoit les fenêtres des maisons jusques sur les toits, et formoit un coup d'œil aussi agréable que varié.

Sa Majesté étant arrivée devant le principal Portail de l'Eglise Cathé-drale descendit de Carosse, et fut reçue par M. le Cardinal de Rohan qui étoit à la tête de tout son Clergé, avec M. le Cardinal de Soubise son Coadjuteur; et M. l'Evêque d'Uranople son Suffragant. Son Eminence fit au Roi un tres beau discours, après lequel Sa Majesté fut conduite jusqu'au pied du maître Autel à un Priedieu couvert d'un tapis de soye et de velours, où M. le Prince Camille de Rohan Guéme-né, fils de M. le Prince de Montauban, et Chanoine domiciliaire de cette Cathédrale présenta le Carreau à Sa Majesté. Le Roi aprés avoir fait sa priére, se rendit à pied au Palais Episcopal, où il avoit choisi son logement.

Les petits Cent-Suisses se trouvérent rangés en haye dans la cour: les Troupes Bourgeoises qui fermoient le cortége, suivirent jusqu'à l'en-trée, et passérent en revuë devant Sa Majesté qui se mit aux fenestres pour les voir défiler.

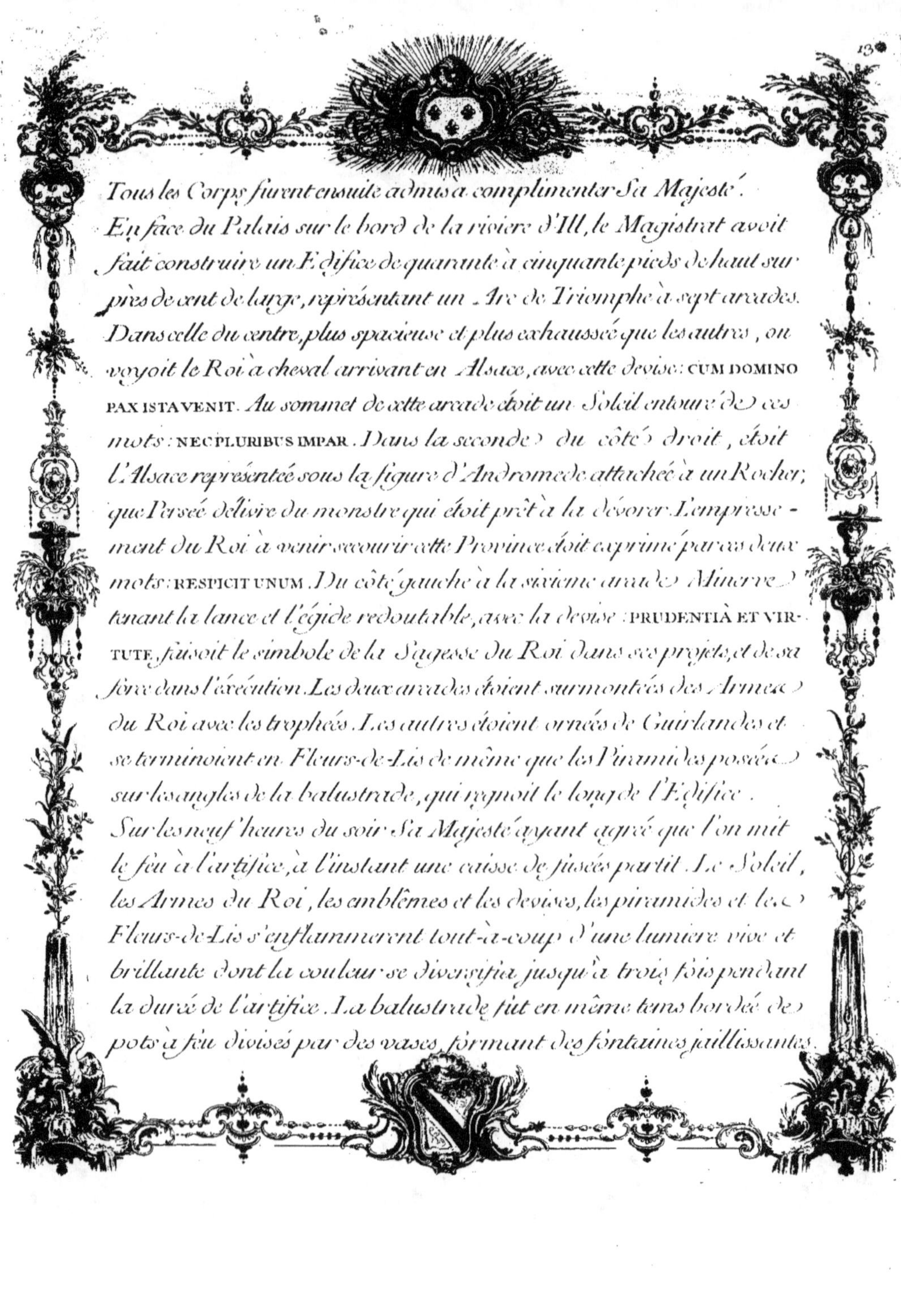

Tous les Corps furent ensuite admis a complimenter Sa Majesté.

En face du Palais sur le bord de la riviere d'Ill, le Magistrat avoit fait construire un Edifice de quarante à cinquante pieds de haut sur près de cent de large, représentant un Arc de Triomphe à sept arcades. Dans celle du centre, plus spacieuse et plus exhaussée que les autres, on voyoit le Roi à cheval arrivant en Alsace, avec cette devise: CUM DOMINO PAX ISTA VENIT. Au sommet de cette arcade étoit un Soleil entouré de ces mots: NEC PLURIBUS IMPAR. Dans la seconde du côté droit, étoit l'Alsace représentée sous la figure d'Andromede attachée à un Rocher; que Persée délivre du monstre qui étoit prêt à la dévorer. L'empresse- ment du Roi à venir secourir cette Province étoit exprimé par ces deux mots: RESPICIT UNUM. Du côté gauche à la sixieme arcade Minerve tenant la lance et l'égide redoutable, avec la devise: PRUDENTIÀ ET VIR- TUTE, faisoit le simbole de la Sagesse du Roi dans ses projets, et de sa force dans l'exécution. Les deux arcades étoient surmontées des Armes du Roi avec les trophées. Les autres étoient ornées de Guirlandes et se terminoient en Fleurs-de-Lis de même que les Piramides posées sur les angles de la balustrade, qui regnoit le long de l'Edifice.

Sur les neuf heures du soir Sa Majesté ayant agréé que l'on mit le feu à l'artifice, à l'instant une caisse de fusées partit. Le Soleil, les Armes du Roi, les emblêmes et les devises, les piramides et les Fleurs-de-Lis s'enflammerent tout-à-coup d'une lumiere vive et brillante dont la couleur se diversifia jusqu'à trois fois pendant la durée de l'artifice. La balustrade fut en même tems bordée de pots à feu divisés par des vases, formant des fontaines jaillissantes.

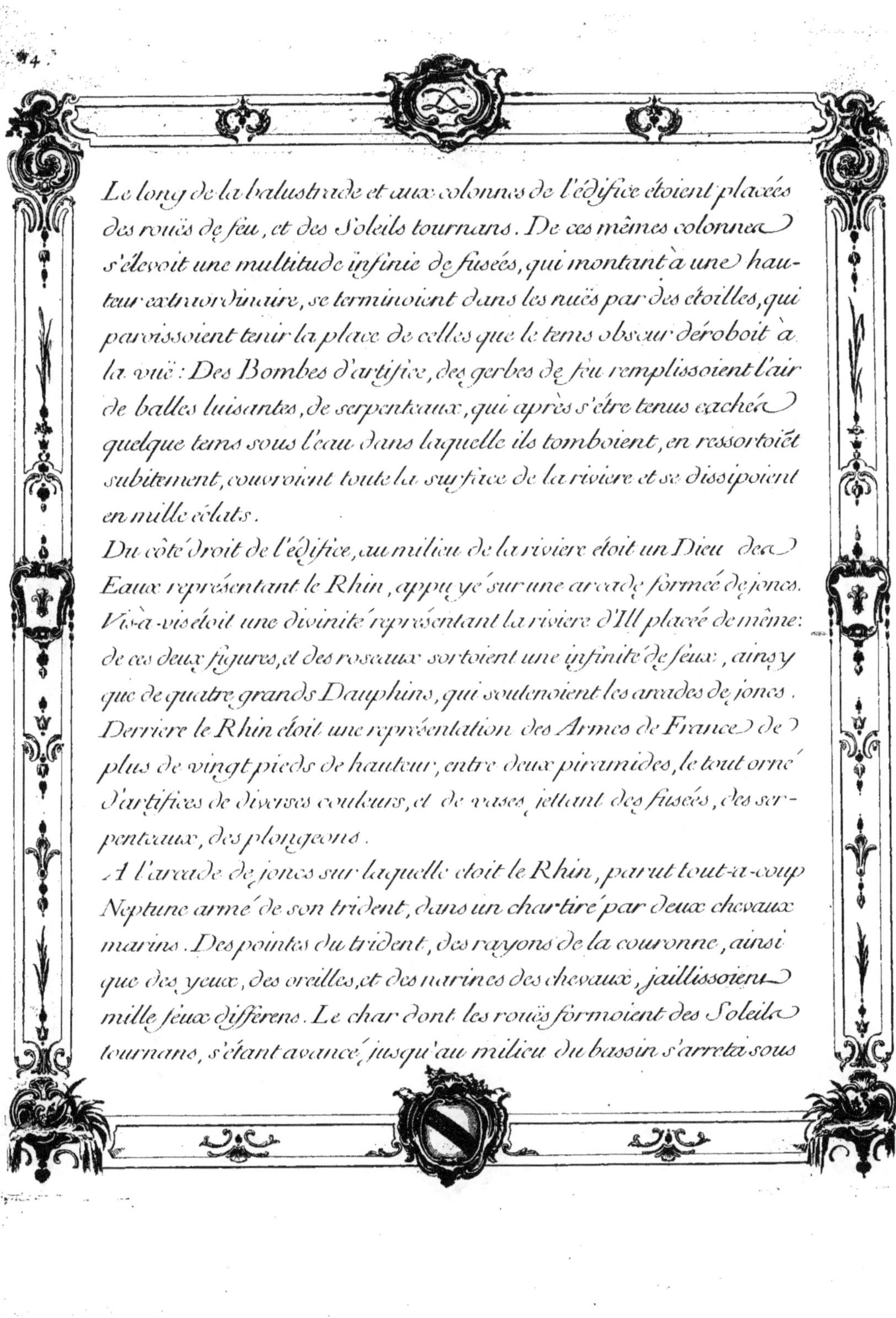

Le long de la balustrade et aux colonnes de l'édifice étoient placées des roües de feu, et des Soleils tournans. De ces mêmes colonnes s'élevoit une multitude infinie de fusées, qui montant à une hauteur extraordinaire, se terminoient dans les nuës par des étoilles, qui paroissoient tenir la place de celles que le tems obscur déroboit à la vuë: Des Bombes d'artifice, des gerbes de feu remplissoient l'air de balles luisantes, de serpenteaux, qui après s'être tenus cachés quelque tems sous l'eau dans laquelle ils tomboient, en ressortoiét subitement, couvroient toute la surface de la riviere et se dissipoient en mille éclats.

Du côté droit de l'édifice, au milieu de la riviere étoit un Dieu des Eaux représentant le Rhin, appuyé sur une arcade formée de joncs. Vis-à-vis étoit une divinité représentant la riviere d'Ill placée de même: de ces deux figures, et des roseaux sortoient une infinité de feux, ainsy que de quatre grands Dauphins, qui soutenoient les arcades de joncs. Derriere le Rhin étoit une représentation des Armes de France de plus de vingt pieds de hauteur, entre deux piramides, le tout orné d'artifices de diverses couleurs, et de vases, jettant des fusées, des serpenteaux, des plongeons.

A l'arcade de joncs sur laquelle étoit le Rhin, parut tout-à-coup Neptune armé de son trident, dans un char tiré par deux chevaux marins. Des pointes du trident, des rayons de la couronne, ainsi que des yeux, des oreilles, et des narines des chevaux, jaillissoient mille feux différens. Le char dont les roües formoient des Soleils tournans, s'étant avancé jusqu'au milieu du bassin s'arrêta sous

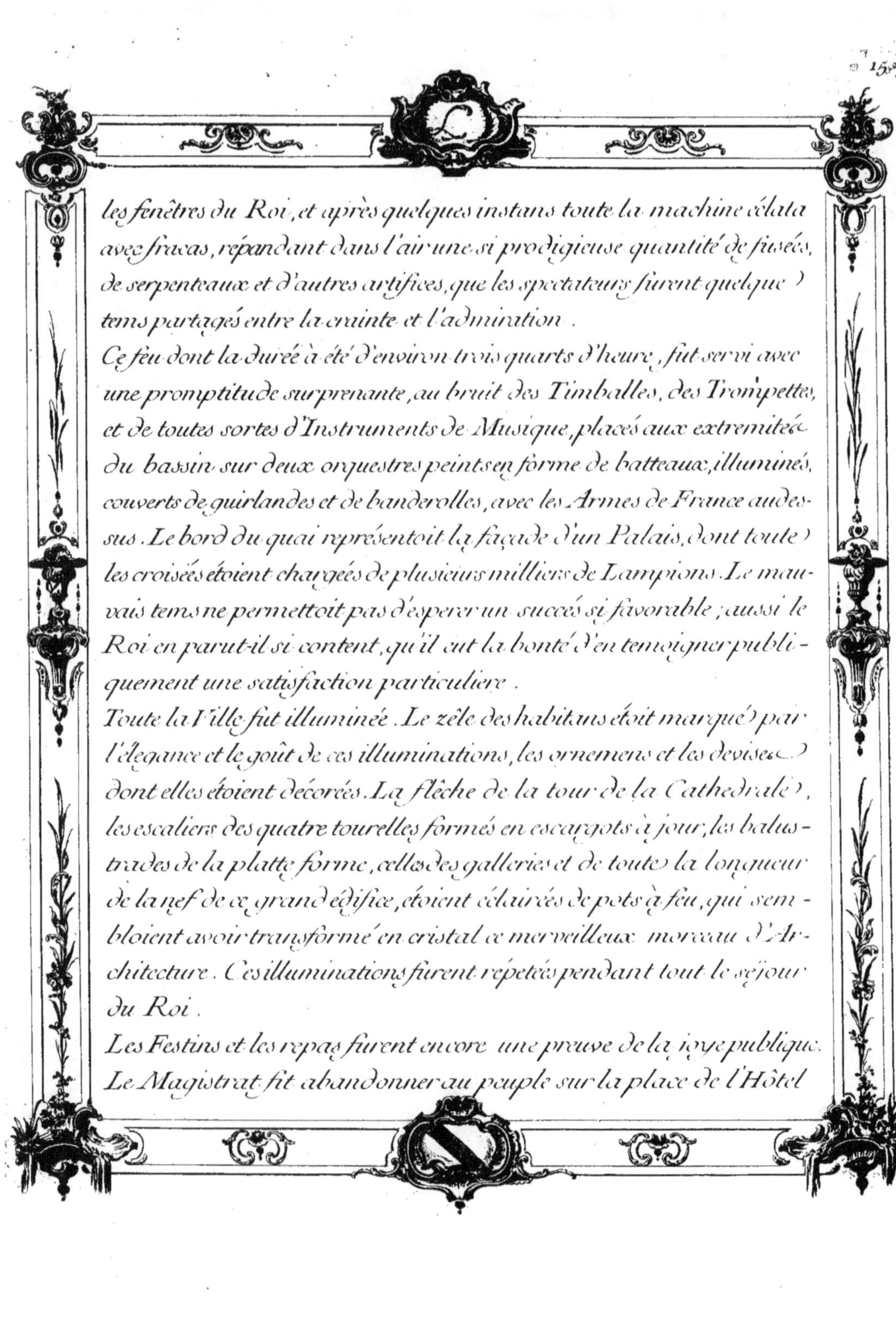

les fenêtres du Roi, et après quelques instans toute la machine éclata
avec fracas, répandant dans l'air une si prodigieuse quantité de fusées,
de serpenteaux et d'autres artifices, que les spectateurs furent quelque
tems partagés entre la crainte et l'admiration.

Ce feu dont la durée à été d'environ trois quarts d'heure, fut servi avec
une promptitude surprenante, au bruit des Timballes, des Trompettes,
et de toutes sortes d'Instruments de Musique, placés aux extremités
du bassin sur deux orquestres peints en forme de batteaux, illuminés,
couverts de guirlandes et de banderolles, avec les Armes de France audes-
sus. Le bord du quai représentoit la façade d'un Palais, dont toute
les croisées étoient chargées de plusieurs milliers de Lampions. Le mau-
vais tems ne permettoit pas d'esperer un succés si favorable ; aussi le
Roi en parut-il si content, qu'il eut la bonté d'en temoigner publi-
quement une satisfaction particuliere.

Toute la Ville fut illuminée. Le zéle des habitans étoit marqué par
l'élegance et le goût de ces illuminations, les ornemens et les devises
dont elles étoient décorées. La flêche de la tour de la Cathedrale,
les escaliers des quatre tourelles formés en escargots à jour, les balustrades de la platte forme, celles des galleries et de toute la longueur
de la nef de ce grand édifice, étoient éclairées de pots à feu, qui sem-
bloient avoir transformé en cristal ce merveilleux morceau d'Architecture. Ces illuminations furent repetées pendant tout le séjour
du Roi.

Les Festins et les repas furent encore une preuve de la joye publique.
Le Magistrat fit abandonner au peuple sur la place de l'Hôtel

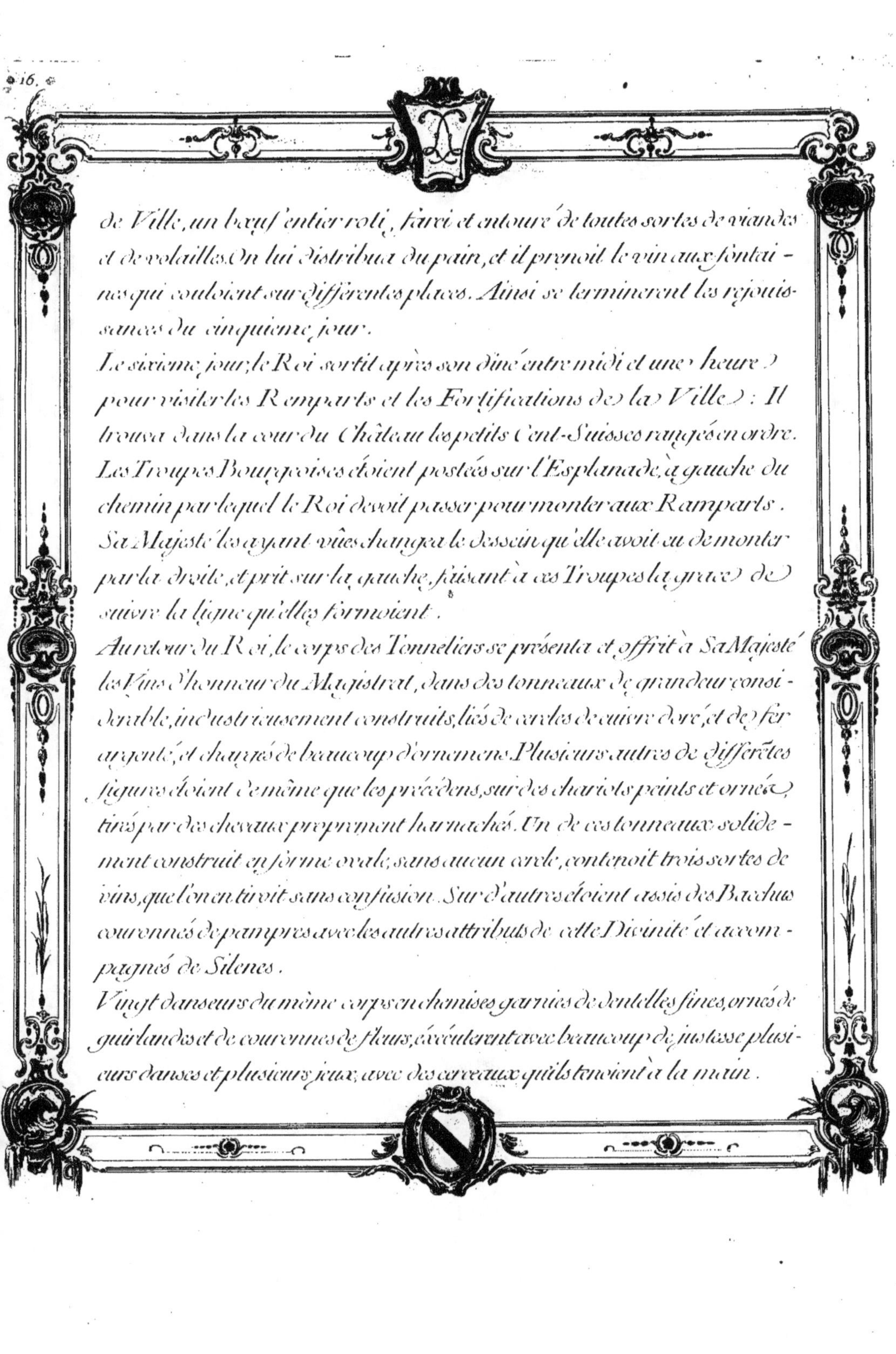

de Ville, un bœuf entier rôti, farci et entouré de toutes sortes de viandes et de volailles. On lui distribua du pain, et il prenoit le vin aux fontaines qui couloient sur différentes places. Ainsi se terminèrent les réjouissances du cinquième jour.

Le sixième jour, le Roi sortit après son diné entre midi et une heure pour visiter les Remparts et les Fortifications de la Ville : Il trouva dans la cour du Château les petits Cent-Suisses rangés en ordre. Les Troupes Bourgeoises étoient postées sur l'Esplanade, à gauche du chemin par lequel le Roi devoit passer pour monter aux Remparts. Sa Majesté les ayant vûes changea le dessein qu'elle avoit eu de monter par la droite, et prit sur la gauche, faisant à ces Troupes la grace de suivre la ligne qu'elles formoient.

Au retour du Roi, le corps des Tonneliers se présenta et offrit à Sa Majesté les Vins d'honneur du Magistrat, dans des tonneaux de grandeur considérable, industrieusement construits, liés de cercles de cuivre doré, et de fer argenté, et chargés de beaucoup d'ornemens. Plusieurs autres de différentes figures étoient de même que les précédens, sur des chariots peints et ornés, tirés par des chevaux proprement harnachés. Un de ces tonneaux solidement construit en forme ovale, sans aucun cercle, contenoit trois sortes de vins, que l'on en tiroit sans confusion. Sur d'autres étoient assis des Bacchus couronnés de pampres avec les autres attributs de cette Divinité et accompagnés de Silenes.

Vingt danseurs du même corps en chemises garnies de dentelles fines, ornés de guirlandes et de couronnes de fleurs, exécutèrent avec beaucoup de justesse plusieurs danses et plusieurs jeux, avec des cerceaux qu'ils tenoient à la main.

Cette Troupe étoit précedeé et conduite par plusieurs Officiers, maitres du corps, richement habillés; le Porte Enseigne fit l'exercice du drapeau avec une adresse peu commune.

Pendant le souper du Roi, on tira de dessus la platte forme du clocher, une grande quantité des plus grosses fusées; vingt quatre partirent de la pointe de cette Tour, haute de plus de cinq cens pieds. Ces feux qui montoient à une élévation prodigieuse et que l'on s'attachoit à suivre de la vûe, disparoissoient enfin dans les airs.

Le lendemain le Roi sortit à la même heure, et alla visiter la Citadelle et les bords du Rhin. les Troupes Bourgeoises toujours dans le même ordre se trouverent par tout sur la route. Ce zéle plut tellement au Roi, que pour en marquer sa satisfaction, il confia à cette Milice la garde de son Palais, où elle resta jusqu'à son départ.

Lorsque Sa Majesté fut rentré, les Batteliers qui avoient paru devant elle le matin dans leurs ajustement, firent sur la riviere leurs jeux, consistans à couper à coups de lance, en passant dans une nacelle emportée rapidement par huit rameurs, les cercles d'un tonneau posé sur une espece de pivot; à décoler à coups de sabre plusieurs figures placées de distance en distance, à courre la bague, à arracher le col d'une oye suspenduë à une corde; les exercices se terminerent par des joutes, que des Batteliers montés sur le tillac d'une nacelle font en se choquant à la rencontre, avec des lances de quinze à seize pieds de long, dont le bout forme une pomme garnie de cuir.

A la suite de ces jeux et à l'entrée de la nuit la riviere fut couverte de serpenteaux, de fusées, de gerbes de feu, de balles luisantes, de bombes d'ar-

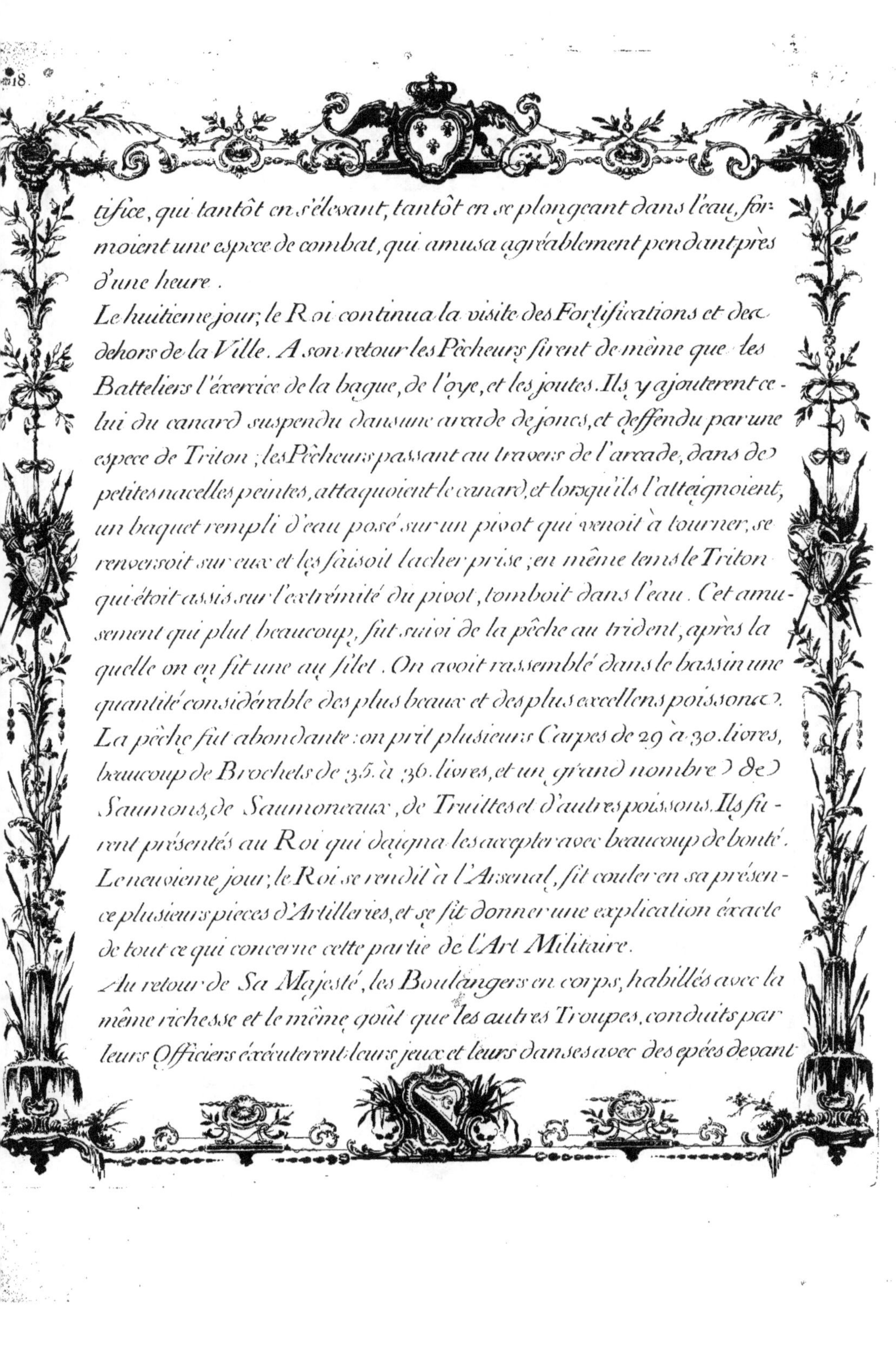

tifice, qui tantôt en s'élevant, tantôt en se plongeant dans l'eau, formoient une espece de combat, qui amusa agréablement pendant près
d'une heure.

Le huitieme jour, le Roi continua la visite des Fortifications et des
dehors de la Ville. A son retour les Pêcheurs firent de même que les
Batteliers l'exercice de la bague, de l'oye, et les joutes. Ils y ajouterent celui du canard suspendu dans une arcade de joncs, et deffendu par une
espece de Triton ; les Pêcheurs passant au travers de l'arcade, dans de
petites nacelles peintes, attaquoient le canard, et lorsqu'ils l'atteignoient,
un baquet rempli d'eau posé sur un pivot qui venoit à tourner, se
renversoit sur eux et les faisoit lacher prise ; en même tems le Triton
qui étoit assis sur l'extrémité du pivot, tomboit dans l'eau. Cet amu-
sement qui plut beaucoup, fut suivi de la pêche au trident, après la
quelle on en fit une au filet. On avoit rassemblé dans le bassin une
quantité considérable des plus beaux et des plus excellens poissons.
La pêche fut abondante : on prit plusieurs Carpes de 29 à 30. livres,
beaucoup de Brochets de 35. à 36. livres, et un grand nombre de
Saumons, de Saumoneaux, de Truittes et d'autres poissons. Ils furent présentés au Roi qui daigna les accepter avec beaucoup de bonté.
Le neuvieme jour, le Roi se rendit à l'Arsenal, fit couler en sa présence plusieurs pieces d'Artilleries, et se fit donner une explication exacte
de tout ce qui concerne cette partie de l'Art Militaire.
Au retour de Sa Majesté, les Boulangers en corps, habillés avec la
même richesse et le même goût que les autres Troupes, conduits par
leurs Officiers exécuterent leurs jeux et leurs danses avec des epées devant

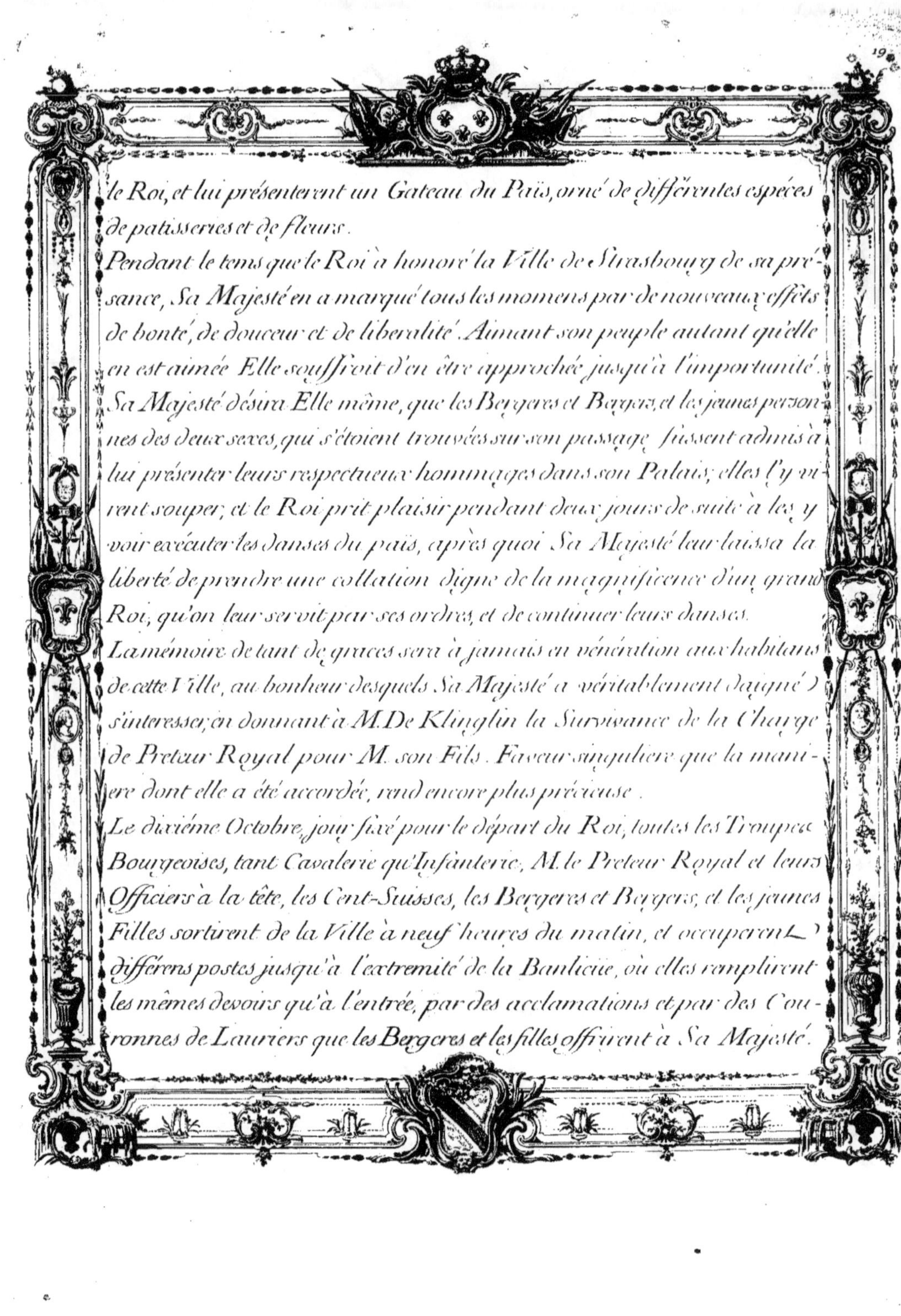

le Roi, et lui présenterent un Gateau du Pais, orné de différentes espéces de patisseries et de fleurs.

Pendant le tems que le Roi a honoré la Ville de Strasbourg de sa présance, Sa Majesté en a marqué tous les momens par de nouveaux effets de bonté, de douceur et de liberalité. Aimant son peuple autant qu'Elle en est aimée Elle souffroit d'en être approchée jusqu'à l'importunité. Sa Majesté désira Elle même, que les Bergeres et Bergers, et les jeunes personnes des deux sexes, qui s'étoient trouvées sur son passage, fussent admis à lui présenter leurs respectueux hommages dans son Palais, elles l'y virent souper; et le Roi prit plaisir pendant deux jours de suite à les y voir exécuter les danses du pais, après quoi Sa Majesté leur laissa la liberté de prendre une collation digne de la magnificence d'un grand Roi, qu'on leur servit par ses ordres, et de continuer leurs danses.

La mémoire de tant de graces sera à jamais en vénération aux habitans de cette Ville, au bonheur desquels Sa Majesté a véritablement daigné s'interesser, en donnant à M. De Klinglin la Survivance de la Charge de Preteur Royal pour M. son Fils. Faveur singuliere que la maniere dont elle a été accordée, rend encore plus précieuse.

Le dixiéme Octobre, jour fixé pour le départ du Roi, toutes les Troupes Bourgeoises, tant Cavalerie qu'Infanterie, M. le Preteur Royal et leurs Officiers à la tête, les Cent-Suisses, les Bergeres et Bergers, et les jeunes Filles sortirent de la Ville à neuf heures du matin, et occuperent différens postes jusqu'à l'extremité de la Banlieue, où elles remplirent les mêmes devoirs qu'à l'entrée, par des acclamations et par des Couronnes de Lauriers que les Bergeres et les filles offrirent à Sa Majesté.

Le Roi partit au son de toutes les Cloches de la Ville,
et au bruit de toute l'Artillerie des Remparts, laissant
tous les cœurs pénétrés de la joye d'avoir vû, et du regret de
perdre si-tôt CE MONARQUE BIEN-AIMÉ.